P9-BJK-755

ㄅㄆㄇ動物歌謠

有37種可愛動物陪伴孩子輕鬆學習ㄅㄆㄇ喔！

風車圖書出版
WINDMILL

目錄

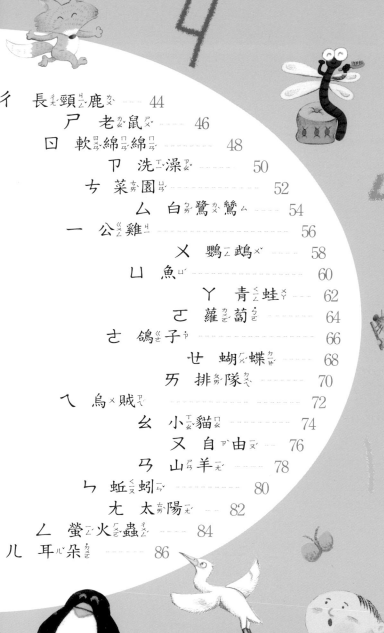

·認識注音符號·

聲ㄕㄥ母ㄇㄨ音ㄧㄣ

ㄅ	ㄆ	ㄇ	ㄈ
ㄉ	ㄊ	ㄋ	ㄌ
ㄍ	ㄎ	ㄏ	
ㄐ	ㄑ	ㄒ	
ㄓ	ㄔ	ㄕ	ㄖ
ㄗ	ㄘ	ㄙ	

聲ㄕㄥ、 韻ㄩㄣ母ㄇㄨ音ㄧㄣ

一	ㄨ	ㄩ	

韻ㄩㄣ母ㄇㄨ音ㄧㄣ

ㄚ	ㄛ	ㄜ	ㄝ
ㄞ	ㄟ	ㄠ	ㄡ
ㄢ	ㄣ	ㄤ	ㄥ
ㄦ			

學拼音・練詞組

ㄅ	ㄅㄢ 斑ㄅㄢ 馬ㄇㄚ	
ㄆ	ㄆㄤˊ 螃ㄆㄤˊ 蟹ㄒㄧㄝ	
ㄇ	ㄇㄚˇ 螞ㄇㄚˇ 蟻ㄧˇ	
ㄈ	ㄈㄥ 蜜ㄇㄧˋ 蜂ㄈㄥ	
ㄉ	ㄉㄞˋ 袋ㄉㄞˋ 鼠ㄕㄨˇ	

ㄊ	ㄊ、 ㄨ 兔ㄊ 子ㄗ	
ㄋ	ㄋˊ 一ㄡˊ 乳ㄖㄨˇ 牛ㄋㄧㄡˊ	
ㄌ	ㄌ Y 嘩ㄏㄨㄚ 啦ㄌ 啦ㄌ Y Y	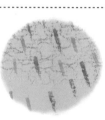
ㄍ	ㄍˇ ㄡˇ 哈ㄏ 巴ㄅ 狗ㄍˇ Y Y ㄡ	
ㄎ	ㄎˇ ㄨˊ ㄥˊ 恐ㄎㄨㄥˇ 龍ㄌㄨㄥˊ	

ㄏㄨˊ
狐ㄏㄨˊ狸ㄌㄧˊ

ㄐㄧㄡ
九ㄐㄧㄡˇ官ㄍㄨㄢ鳥ㄋㄧㄠˇ

ㄑㄧㄥˊ
蜻ㄑㄧㄥˊ蜓ㄊㄧㄥˊ

ㄒㄧˋ
蟋ㄒㄧˋ蟀ㄕㄨㄞˋ

ㄓ
蜘ㄓ蛛ㄓㄨ

ㄔㄤˊ

長ㄔㄤˊ頸ㄐㄧㄥˇ鹿ㄌㄨˋ

ㄕㄨˇ

老ㄌㄠˇ鼠ㄕㄨˇ

ㄖㄨㄢˇ

軟ㄖㄨㄢˇ綿ㄇㄧㄢˊ綿ㄇㄧㄢˊ

ㄗㄠˇ

洗ㄒㄧˇ澡ㄗㄠˇ

ㄘㄞˋ

菜ㄘㄞˋ園ㄩㄢˊ

ㄙ

白ㄅㄞˊ鷺ㄌㄨˋ鷥ㄙ

ㄐㄧ

公ㄍㄨㄥ雞ㄐㄧ

ㄨˇ

鸚ㄧㄥ鵡ㄨˇ

ㄩˊ

魚ㄩˊ

ㄨㄚ

青ㄑㄧㄥ蛙ㄨㄚ

ㄅㄛ

蘿（ㄌㄨㄛˊ）蔔（ㄅㄛ）

ㄍㄜ

鴿（ㄍㄜ）子（˙ㄗ）

ㄉㄧㄝˊ

蝴（ㄏㄨˊ）蝶（ㄉㄧㄝˊ）

ㄆㄞˊ

排（ㄆㄞˊ）隊（ㄉㄨㄟˋ）

ㄗㄟˊ

烏（ㄨ）賊（ㄗㄟˊ）

ㄛ
ㄜ
ㄝ
ㄞ
ㄟ

學拼音・練詞組

ㄠ	ㄇㄠ 小ㄒㄧㄠˇ 貓ㄇㄠ	
ㄡ	一ㄡˊ 水ㄕㄨㄟˇ 中ㄓㄨㄥ 游一ㄡˊ	
ㄢ	ㄕㄢ 山ㄕㄢ 羊一ㄤˊ	
ㄣ	一ㄣˊ 蚯ㄑㄧㄡ 蚓一ㄣˊ	
ㄤ	一ㄤˊ 太ㄊㄞˋ 陽一ㄤˊ	

ㄙ

一ㄙˊ

螢ㄙˊ火ㄏㄨㄛˇ蟲ㄔㄨㄥˊ

ㄦ

儿ㄦˇ

耳ㄦˇ朵ㄉㄨㄛ

大家來學ㄅㄆㄇ！

ㄅㄆㄇ

ㄅ

斑ㄅㄢ馬ㄇㄚˇ

"斑ㄅㄢ馬ㄇㄚ搬ㄅㄢ新ㄒㄧㄣ家ㄐㄧㄚ"

小ㄒㄧㄠ斑ㄅㄢ馬ㄇㄚ，

搬ㄅㄢ新ㄒㄧㄣ家ㄐㄧㄚ，

新ㄒㄧㄣ家ㄐㄧㄚ有ㄧㄡ個ㄍㄜ

花ㄏㄨㄚ籬ㄌㄧ笆ㄅㄚ。

ㄅ

15

ㄆ
ㄅ ㄆ

螃蟹
ㄆㄤˊ ㄒㄧㄝˋ

"螃蟹過馬路"

胖螃蟹，

橫著走，

八隻腳，

跑過街。

"螞ㄇㄚˇ蟻ㄧˇ搬ㄅㄢ芝ㄓ麻ㄇㄚ"

小ㄒㄧㄠˇ螞ㄇㄚˇ蟻ㄧˇ，

搬ㄅㄢ芝ㄓ麻ㄇㄚ，

送ㄙㄨㄥˋ媽ㄇㄚ媽ㄇㄚ，

眞ㄓㄣ歡ㄏㄨㄢ喜ㄒㄧˇ。

ㄇ

ㄧ ㄇ

蜜ㄇㄧˋ 蜂ㄈㄥ

"蜜蜂採花粉"

小蜜蜂，

採花粉，

風一吹，

輕輕飛。

ㄉ

ㄅ ㄉ

袋ㄉㄞˋ鼠ㄕㄨˇ

"袋ㄉㄞˋ鼠ㄕㄨˇ學ㄒㄩˊ打ㄉㄚˇ鼓ㄍㄨˇ"

小ㄒㄧㄠˇ袋ㄉㄞˋ鼠ㄕㄨˇ，

學ㄒㄩㄝˊ打ㄉㄚˇ鼓ㄍㄨˇ，

咚ㄉㄨㄥ咚ㄉㄨㄥ答ㄉㄚ答ㄉㄚ，

咚ㄉㄨㄥ咚ㄉㄨㄥ答ㄉㄚ。

ㄊ

一 ㄊ ㄊ

兔ㄊㄨˋ子ㄗˇ

"兔ㄊㄨˋ太ㄊㄞˋ太ㄊㄞˋ的ㄉㄜ˙湯ㄊㄤ"

兔ㄊㄨˋ太ㄊㄞˋ太ㄊㄞˋ，

請ㄑㄧㄥˇ螳ㄊㄤˊ螂ㄌㄤˊ，

喝ㄏㄜ甜ㄊㄧㄢˊ湯ㄊㄤ，

小ㄒㄧㄠˇ心ㄒㄧㄣ燙ㄊㄤˋ。

ㄋ
ㄋ

小ㄒㄠˇ鳥ㄋㄠˇ

"奶ㄋㄞˇ奶˙ㄋㄞ擠ㄐㄧˇ牛ㄋㄧㄡˊ奶ㄋㄞˇ"

老ㄌㄠˇ奶ㄋㄞˇ奶˙ㄋㄞ，

在ㄗㄞˋ農ㄋㄨㄥˊ場ㄔㄤˇ，

擠ㄐㄧˇ牛ㄋㄧㄡˊ奶ㄋㄞˇ，

餵ㄨㄟˋ小ㄒㄧㄠˇ鳥ㄋㄧㄠˇ。

ㄉ

ㄅ ㄉ

嘩「ㄨㄚ 啦「ㄉㄚ 啦「ㄉㄚ

"下ㄒㄧㄚˋ雨ㄩˇ嘩ㄏㄨㄚ啦ㄌㄚ啦ㄌㄚ"

嘩ㄏㄨㄚ啦ㄌㄚ啦ㄌㄚ，

下ㄒㄧㄚˋ雨ㄩˇ啦ㄌㄚ，

小ㄒㄧㄠˇ青ㄑㄧㄥ蛙ㄨㄚ，

溜ㄌㄧㄡ出ㄔㄨ來ㄌㄞˊ。

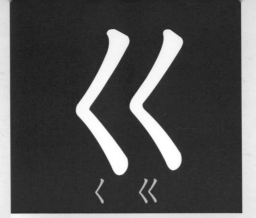

哈ㄏㄚ巴ㄅㄚ狗ㄍㄡ

"哈ㄏㄚ巴ㄅㄚ狗ㄍㄡˇ看ㄎㄢˋ家ㄐㄚ"

一ㄧˋ隻ㄓ哈ㄏㄚ巴ㄅㄚ狗ㄍㄡˇ，

乖ㄍㄨㄞ乖ㄍㄨㄞ坐ㄗㄨㄛˋ門ㄇㄣˊ口ㄎㄡˇ，

想ㄒㄧㄤˇ吃ㄔ肉ㄖㄡˋ骨ㄍㄨˇ頭ㄊㄡ，

想ㄒㄧㄤˇ到ㄉㄠˋ口ㄎㄡˇ水ㄕㄨㄟˇ流ㄌㄧㄡˊ。

ㄎ

一ㄎ

恐ㄎㄨㄥˇ龍ㄌㄨㄥˊ

"恐ㄎㄨㄥˇ龍ㄌㄨㄥˊ感ㄍㄢˇ冒ㄇㄠˋ了·ㄌㄜ"

大ㄉㄚˋ恐ㄎㄨㄥˇ龍ㄌㄨㄥˊ，

咳ㄎㄜˊ嗽ㄙㄡˋ了ㄌㄜ，

吭ㄎㄥ一一ˊ聲ㄕㄥ，

天ㄊㄧㄢ搖ㄧㄠˊ地ㄉㄧˋ動ㄉㄨㄥˋ。

ㄏ

一 ㄏ

狐「ㄨ」狸「ㄌ一」

“學ㄒㄩㄝ飛ㄈㄟ的ㄉㄜ狐ㄏㄨ狸ㄌㄧ”

天ㄊㄧㄢ黑ㄏㄟ黑ㄏㄟ，

花ㄏㄨㄚ狐ㄏㄨ狸ㄌㄧ，

學ㄒㄩㄝ鳥ㄋㄧㄠ飛ㄈㄟ，

揮ㄏㄨㄟ呀ㄧㄚ揮ㄏㄨㄟ！

ㄐ

ㄥ ㄐㄩ

九ㄐㄧㄡˇ官ㄍㄨㄢ鳥ㄋㄧㄠˇ

"頑ㄨㄢˊ皮ㄆㄧˊ九ㄐㄧㄡˇ官ㄍㄨㄢ鳥ㄋㄧㄠˇ"

九ㄐㄧㄡˇ官ㄍㄨㄢ鳥ㄋㄧㄠˇ，

叫ㄐㄧㄠˋ又ㄧㄡˋ跳ㄊㄧㄠˋ，

口ㄎㄡˇ香ㄒㄧㄤ糖ㄊㄤˊ，

黏ㄋㄧㄢˊ到ㄉㄠˋ腳ㄐㄧㄠˇ。

ㄑ

蜻蜓ㄑㄥㄊㄥˊ

紅ㄏㄨㄥˊ蜻ㄑㄧㄥ蜓ㄊㄧㄥˊ，

愛ㄞˋ花ㄏㄨㄚ俏ㄑㄧㄠˋ，

鏡ㄐㄧㄥˋ子ㄗ˙前ㄑㄧㄢˊ，

巧ㄑㄧㄠˇ裝ㄓㄨㄤ扮ㄅㄢˋ。

T

一 丁

蟋 _{ㄒㄧ} 蟀 _{ㄕㄨㄞ}

"蟋ㄒㄧ蟀ㄕㄨㄞˋ愛ㄞˋ玩ㄨㄢˊ耍ㄕㄨㄚˇ"

小ㄒㄧㄠˇ蟋ㄒㄧ蟀ㄕㄨㄞˋ,

最ㄗㄨㄟˋ喜ㄒㄧˇ愛ㄞˋ,

嘻ㄒㄧ嘻ㄒㄧ笑ㄒㄧㄠˋ笑ㄒㄧㄠˋ

嚇ㄒㄧㄚˋ同ㄊㄨㄥˊ伴ㄅㄢˋ。

止

ㄴ ㄴ 屮 止

蜘 ㄓ 蛛 ㄓㄨ

"蜘ㄓ蛛ㄓㄨ忙ㄇㄤˊ結ㄐㄧㄝˊ網ㄨㄤˇ"

小ㄒㄧㄠˇ蜘ㄓ蛛ㄓㄨ，

真ㄓㄣ辛ㄒㄧㄣ苦ㄎㄨˇ，

從ㄘㄨㄥˊ早ㄗㄠˇ到ㄉㄠˋ晚ㄨㄢˇ

織ㄓ不ㄅㄨˋ停ㄊㄧㄥˊ。

ㄔ

ㄋㄎㄔ

長ㄓㄤˊ 頸ㄐㄧㄥˇ 鹿ㄌㄨˋ

"長ㄔㄤˊ頸ㄐㄧㄥˇ鹿ㄌㄨˋ穿ㄔㄨㄢ新ㄒㄧㄣ衣ㄧ"

長ㄔㄤˊ頸ㄐㄧㄥˇ鹿ㄌㄨˋ，

春ㄔㄨㄣ天ㄊㄧㄢ到ㄉㄠˋ，

穿ㄔㄨㄢ花ㄏㄨㄚ衣ㄧ，

吃ㄔ嫩ㄋㄣˋ葉ㄧㄝˋ。

尸

ㄱ ㄱ 尸

老（ㄌㄠˇ）鼠（ㄕㄨˇ）

"老ㄌㄠˇ鼠ㄕㄨˇ學ㄒㄩㄝˊ數ㄕㄨˇ數ㄕㄨˇ"

小ㄒㄧㄠˇ老ㄌㄠˇ鼠ㄕㄨˇ，

來ㄌㄞˊ數ㄕㄨˇ數ㄕㄨˇ，

一ㄧ二ㄦˋ三ㄙㄢ四ㄙˋ五ㄨˇ，

六ㄌㄧㄡˋ七ㄑㄧ八ㄅㄚ九ㄐㄧㄡˇ十ㄕˊ。

ㄈ ㄇ ㄖ

軟ㄖㄨㄢˇ 綿ㄇㄧㄢˊ 綿ㄇㄧㄢˊ

"羊（一ㄤˊ）毛（ㄇㄠˊ）軟（ㄖㄨㄢˇ）綿（ㄇㄧㄢˊ）綿（ㄇㄧㄢˊ）"

綿（ㄇㄧㄢˊ）羊（一ㄤˊ）毛（ㄇㄠˊ），

毛（ㄇㄠˊ）絨（ㄖㄨㄥˊ）絨（ㄖㄨㄥˊ），

軟（ㄖㄨㄢˇ）綿（ㄇㄧㄢˊ）綿（ㄇㄧㄢˊ），

好（ㄏㄠˇ）溫（ㄨㄣ）暖（ㄋㄨㄢˇ）。

ㄗ
ㄗ ㄗ

洗ㄒㄧˇ 澡ㄗㄠˇ

"白ㄅㄞˊ鵝ㄜˊ愛ㄞˋ洗ㄒㄧˇ澡ㄗㄠˇ"

大ㄉㄚˋ白ㄅㄞˊ鵝ㄜˊ，

最ㄗㄨㄟˋ怕ㄆㄚˋ髒ㄗㄤ，

用ㄩㄥˋ肥ㄈㄟˊ皂ㄗㄠˋ，

在ㄗㄞˋ洗ㄒㄧˇ澡ㄗㄠˇ。

ㄘ

一ㄘ

菜ㄘㄞ 園ㄩㄢˊ

"菜ㄘㄞˋ園ㄩㄢˊ裡ㄌㄧˇ的ㄉㄜ˙菜ㄘㄞˋ"

猜ㄘㄞ一ㄧ猜ㄘㄞ,

菜ㄘㄞˋ園ㄩㄢˊ裡ㄌㄧˇ,

誰ㄕㄟˊ採ㄘㄞˇ菜ㄘㄞˋ,

當ㄉㄤ晚ㄨㄢˇ餐ㄘㄢ。

ㄘ

53

ㄙㄙ

白ㄅ鷺ㄌ鷥ㄙ
　ㄞ　ㄨ

"白ㄅㄞˊ鷺ㄌㄨˋ鷥ㄙ築ㄓㄨˊ巢ㄔㄠˊ"

森ㄙㄣ林ㄌㄧㄣˊ裡ㄌㄧˇ，

松ㄙㄨㄥ樹ㄕㄨˋ上ㄕㄤˋ，

三ㄙㄢ隻ㄓ白ㄅㄞˊ鷺ㄌㄨˋ鷥ㄙ，

築ㄓㄨˊ巢ㄔㄠˊ忙ㄇㄤˊ呀ㄧㄚ忙ㄇㄤˊ！

ㄙ

55

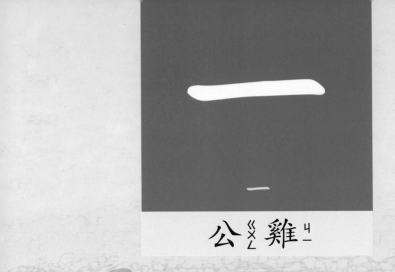

公 《ㄨㄥ 雞 ㄐㄧ

"公（ㄍㄨㄥ）雞（ㄐㄧ）跌（ㄉㄧㄝ）倒（ㄉㄠˇ）了（˙ㄌㄜ）"

小（ㄒㄧㄠˇ）公（ㄍㄨㄥ）雞（ㄐㄧ），

穿（ㄔㄨㄢ）大（ㄉㄚˋ）衣（ㄧ），

跌（ㄉㄧㄝˊ）一（ㄧˋ）跤（ㄐㄧㄠ），

滿（ㄇㄢˇ）身（ㄕㄣ）泥（ㄋㄧˊ）。

ㄨ

ノ ㄨ

鸚ㄧㄥ 鵡ㄨˇ

"鸚ㄧㄥ鵡ㄨˇ和ㄏㄜ烏ㄨ鴉ㄧㄚ"

花ㄏㄨㄚ鸚ㄧㄥ鵡ㄨˇ，

教ㄐㄧㄠ烏ㄨ鴉ㄧㄚ，

學ㄒㄩㄝ說ㄕㄨㄛ話ㄏㄨㄚ，

嘎ㄍㄚ嘎ㄍㄚ嘎ㄍㄚ。

ㄩ

ㄌㄩ

魚 ㄩˊ

"漁ㄩˊ翁ㄨㄥ捕ㄅㄨˇ魚ㄩˊ記ㄐㄧˋ"

老ㄌㄠˇ漁ㄩˊ翁ㄨㄥ，

去ㄑㄩˋ捕ㄅㄨˇ魚ㄩˊ，

遇ㄩˋ雷ㄌㄟˊ雨ㄩˇ，

濕ㄕ淋ㄌㄧㄣˊ淋ㄌㄧㄣˊ。

ㄚ

ㄚˋ　ㄚˇ　ㄚˊ

青ㄑㄧㄥ 蛙ㄨㄚ

"青(ㄑㄧㄥ)蛙(ㄨㄚ)和(ㄏㄜ)蝌(ㄎㄜ)蚪(ㄉㄡ)"

小(ㄒㄧㄠ)蝌(ㄎㄜ)蚪(ㄉㄡ)，

變(ㄅㄧㄢ)青(ㄑㄧㄥ)蛙(ㄨㄚ)，

看(ㄎㄢ)荷(ㄏㄜ)花(ㄏㄨㄚ)，

呱(ㄍㄨ)呱(ㄍㄨ)呱(ㄍㄨ)！

ㄙ

一ㄙ

蘿蔔
ㄌㄨㄛˊ ㄅㄛ

"婆ㄆㄛˊ婆ㄆㄛˊ拔ㄅㄚˊ蘿ㄌㄨㄛˊ蔔ㄅㄛˊ"

老ㄌㄠˇ婆ㄆㄛˊ婆ㄆㄛˊ，

拔ㄅㄚˊ蘿ㄌㄨㄛˊ蔔ㄅㄛˊ，

拔ㄅㄚˊ不ㄅㄨˋ動ㄉㄨㄥˋ，

弄ㄋㄨㄥˋ破ㄆㄛˋ鍋ㄍㄨㄛ。

さ
一さ

鴿子
《さ》 ㄗ

"鴿《ㄜ˙子ㄗ˙喝ㄏㄜ果ㄍㄨㄛˇ汁ㄓ"

瓶ㄆㄥˊ子ㄗ˙裡ㄌㄧˇ，

有ㄧㄡˇ果ㄍㄨㄛˇ汁ㄓ，

鴿《ㄜ˙子ㄗ˙渴ㄎㄜˇ，

飛ㄈㄟ來ㄌㄞˊ喝ㄏㄜ。

せ

一 十 せ

蝴^{ㄏㄨ}蝶^{ㄉㄧㄝ}

"蝴ㄏㄨˊ蝶ㄉㄧㄝˊ寄ㄐㄧˋ請ㄑㄧㄥˇ帖ㄊㄧㄝˇ"

花ㄏㄨㄚ蝴ㄏㄨˊ蝶ㄉㄧㄝˊ，

寄ㄐㄧˋ請ㄑㄧㄥˇ帖ㄊㄧㄝˇ，

請ㄑㄧㄥˇ大ㄉㄚˋ家ㄐㄧㄚ，

吃ㄔ番ㄈㄢ茄ㄑㄧㄝˊ。

历

一 厂 历

排 队
ㄆㄞˊㄉㄞˋ　ㄉㄨㄟˋ

"企ㄑㄧˋ鵝ㄜˊ排ㄆㄞˊ排ㄆㄞˊ站ㄓㄢˋ"

小ㄒㄧㄠˇ企ㄑㄧˋ鵝ㄜˊ，

在ㄗㄞˋ排ㄆㄞˊ隊ㄉㄨㄟˋ，

搖ㄧㄠˊ搖ㄧㄠˊ擺ㄅㄞˇ擺ㄅㄞˇ，

屁ㄆㄧˋ股ㄍㄨˇ歪ㄨㄞ。

へ

烏 × 賊 ㄚㄟˊ

“噴ㄆㄣ墨ㄇㄛ小ㄒㄧㄠˇ烏ㄨ賊ㄗㄟˊ”

小ㄒㄧㄠˇ烏ㄨ賊ㄗㄟˊ，

噴ㄆㄣ黑ㄏㄟ墨ㄇㄛ，

水ㄕㄨㄟˇ裡ㄌㄧˇ一ㄧ片ㄆㄧㄢˋ黑ㄏㄟ，

不ㄅㄨˋ怕ㄆㄚˋ敵ㄉㄧˊ人ㄖㄣˊ追ㄓㄨㄟ。

ㄙ

ㄙ ㄙ ㄙ

小 $\frac{ㄒ}{ㄠˇ}$ 貓 $\frac{ㄇ}{ㄠ}$

"小ㄒㄧㄠˇ貓ㄇㄠ和ㄏㄜˊ小ㄒㄧㄠˇ狗ㄍㄡˇ"

小ㄒㄧㄠˇ貓ㄇㄠ跳ㄊㄧㄠˋ，

小ㄒㄧㄠˇ狗ㄍㄡˇ叫ㄐㄧㄠˋ，

一ㄧˋ起ㄑㄧˇ過ㄍㄨㄛˋ橋ㄑㄧㄠˊ，

跑ㄆㄠˇ又ㄧㄡˋ跳ㄊㄧㄠˋ。

ㄈ **ㄡ**

自^ㄗ由^{ㄧㄡˊ}

"魚ㄩˊ兒ㄦˊ水ㄕㄨㄟˇ中ㄓㄨㄥ游ㄧㄡˊ"

小ㄒㄧㄠˇ魚ㄩˊ兒ㄦˊ，

水ㄕㄨㄟˇ中ㄓㄨㄥ游ㄧㄡˊ，

樂ㄌㄜˋ悠ㄧㄡ悠ㄧㄡ，

真ㄓㄣ自ㄗˋ由ㄧㄡˊ。

ㄇ 马

山ㄕㄢ羊ㄧㄤˊ

"山ㄕㄢ羊ㄧㄤ去ㄑㄩ爬ㄆㄚ山ㄕㄢ"

小ㄒㄧㄠˇ山ㄕㄢ羊ㄧㄤ，

和ㄏㄢˊ同ㄊㄨㄥˊ伴ㄅㄢˋ，

一ㄧˊ見ㄐㄧㄢˋ面ㄇㄧㄢˋ，

就ㄐㄧㄡˋ爬ㄆㄚˊ山ㄕㄢ。

ㄅ

蚯_{ㄑ一ㄡ}蚓_{一ㄣ}

"蚯ㄑㄧㄡ蚓ㄧㄣ和ㄏㄜ老ㄌㄠ樹ㄕㄨ"

小ㄒㄧㄠ蚯ㄑㄧㄡ蚓ㄧㄣ，

啃ㄎㄣ啃ㄎㄣ土ㄊㄨ，

樹ㄕㄨ爺ㄧㄝ爺ㄧㄝ，

鬆ㄙㄨㄥ筋ㄐㄧㄣ骨ㄍㄨ。

尢
一ナ尢

太（ㄊㄞˋ）陽（一ㄤˊ）

"溫ㄨㄣ暖ㄋㄨㄢˇ的ㄉㄜ˙太ㄊㄞˋ陽ㄧㄤˊ"

大ㄉㄚˋ太ㄊㄞˋ陽ㄧㄤˊ，

放ㄈㄤˋ光ㄍㄨㄤ芒ㄇㄤˊ，

照ㄓㄠˋ花ㄏㄨㄚ房ㄈㄤˊ，

暖ㄋㄨㄢˇ洋ㄧㄤˊ洋ㄧㄤˊ。

ㄙ

螢_ㄥ火_{ㄏㄨㄛ}蟲_{ㄔㄨㄥ}

"小ㄒㄧㄠˇ小ㄒㄧㄠˇ螢ㄧㄥˊ火ㄏㄨㄛˇ蟲ㄔㄨㄥˊ"

螢ㄧㄥˊ火ㄏㄨㄛˇ蟲ㄔㄨㄥˊ，

像ㄒㄧㄤˋ燈ㄉㄥ籠ㄌㄨㄥˊ，

黑ㄏㄟ夜ㄧㄝˋ裡ㄌㄧˇ，

亮ㄌㄧㄤˋ晶ㄐㄧㄥ晶ㄐㄧㄥ。

儿

ノ 儿

耳ㄦˇ朵ㄉㄨㄛ

"奇ㄑㄧˊ妙ㄇㄧㄠˋ的ㄉㄜ˙耳ㄦˇ朵ㄉㄨㄛ˙"

小ㄒㄧㄠˇ白ㄅㄞˊ兔ㄊㄨˋ，

長ㄔㄤˊ耳ㄦˇ朵ㄉㄨㄛ˙，

小ㄒㄧㄠˇ魚ㄩˊ兒ㄦˊ，

沒ㄇㄟˊ耳ㄦˇ朵ㄉㄨㄛ˙。

ㄅㄆㄇ動物歌謠

- 社長 / 許丁龍

- 企畫 / 風車編輯部

- 出版 / 風車圖書出版有限公司

- 代理 / 三暉圖書發行有限公司

- 地址 / 114台北市內湖區瑞光路258巷2號5樓

- 電話 / 02-8751-3866

- 傳真 / 02-8751-3858

- 網址 / www.windmill.com.tw

- 劃撥 / 14957898

- 戶名 / 三暉圖書發行有限公司

- 出版 / 2004年5月初版